Bença,
Seu Chico

Dados Internacionais de Catalogação na Publicação (CIP)
(Câmara Brasileira do Livro, SP, Brasil)

Bença, Seu Chico : benzeções da tradição popular
mineira / organização Carlos Solano. –
Petrópolis, RJ : Vozes, 2025.

ISBN 978-85-326-7044-1

1. Curandeiras 2. Folclore – Minas Gerais
3. Medicina mágica e mística 4. Medicina popular
5. Minas Gerais – Usos e costumes 6. Oração
7. Tradições e costumes I. Solano, Carlos.

24-239781 CDD-398.098151

Índices para catálogo sistemático:
1. Cultura popular : Minas Gerais : Estado : Folclore   398.098151

Aline Graziele Benitez – Bibliotecária – CRB-1/3129

CARLOS SOLANO
(ORG.)

Bença, Seu Chico

BENZEÇÕES DA TRADIÇÃO POPULAR MINEIRA

EDITORA VOZES

Petrópolis

© 2025, Editora Vozes Ltda.
Rua Frei Luís, 100
25689-900 Petrópolis, RJ
www.vozes.com.br
Brasil

Todos os direitos reservados. Nenhuma parte desta obra poderá ser reproduzida ou transmitida por qualquer forma e/ou quaisquer meios (eletrônico ou mecânico, incluindo fotocópia e gravação) ou arquivada em qualquer sistema ou banco de dados sem permissão escrita da editora.

CONSELHO EDITORIAL

Diretor
Volney J. Berkenbrock

Editores
Aline dos Santos Carneiro
Edrian Josué Pasini
Marilac Loraine Oleniki
Welder Lancieri Marchini

Conselheiros
Elói Dionísio Piva
Francisco Morás
Teobaldo Heidemann
Thiago Alexandre Hayakawa

Secretário executivo
Leonardo A.R.T. dos Santos

PRODUÇÃO EDITORIAL

Aline L.R. de Barros
Anna Catharina Miranda
Eric Parrot
Jailson Scota
Marcelo Telles
Mirela de Oliveira
Natália França
Priscilla A.F. Alves
Rafael de Oliveira
Samuel Rezende
Verônica M. Guedes

Editoração: Piero Kanaan
Diagramação: Editora Vozes
Revisão gráfica: Jhary Artiolli
Capa: Érico Lebedenco

A diagramação deste livro foi inspirada na edição original do autor, diagramada e ilustrada por Dante Nabuco Leva e Débora Damasceno.

ISBN 978-85-326-7044-1

Este livro foi composto e impresso pela Editora Vozes Ltda.

Eu me lembro dele sentado no sofá da sala, sozinho e em silêncio, todos os dias, isso era à noite. Perguntava o que ele estava fazendo, mesmo eu sabendo a resposta, e ele dizia: "Estou rezando por vocês".

Kátia Magalhães (filha)

Este "caderno" *é* uma homenagem ao
Seu Chico do Álvaro (1920-2008), ou
Francisco Gonçalves de Magalhães,
benzedor amado na cidade de Ipanema,
leste de Minas Gerais, e também a todos
os homens e mulheres que dedicam e
dedicaram a vida à arte de bendizer.

Se for para falar, que seja para bendizer.
(Autor desconhecido)

Sumário

Para iniciar a prosa	11
Parte I – Bença, Seu Chico	**13**
Introdução – Meu pai	15
1 Que lembranças boas	17
2 Curiosidade… ele benzia como?	27
3 Existem outras formas de benzer?	31
4 Autobenzeção	33
Parte II – Orações e Benzenções	**35**
1 Doenças, danos e dores	37
2 Invocações e graças	47
3 Proteção	53
4 Para a casa	59
5 Clima, criação e plantação	65
6 Devoções de Seu Chico	69
Parte III – A partida de Seu Chico	**73**
Parte IV – Final	**75**

Para iniciar a prosa

Sou encantado pelas tradições do nosso povo, e foi com muita honra e emoção que "traduzi" o caderno de benzeções do Seu Chico. Digo "traduzi" porque tive de fazer adaptações, decifrar palavras e frases, suprimir algum trecho não inteligível, recriar detalhes, mas fiz o máximo para manter o que, para mim, seria o sentido original.

Algumas bênçãos contam histórias ("Estava São Pedro sentado numa pedra etc."), outras utilizam, a meu ver, palavras mágicas ("Li lo, li lo, ma cana sabatana"), outras focam em curas específicas ("Deus te livrou dos maus olhos de quem te olhou")…

São muitos os tipos de bênçãos, mas todas expressam uma devoção sincera e um desejo de ajudar. Que o saber contido neste pequeno grande livro continue a cumprir o seu papel!

Carlos Solano

Parte I

Bença, Seu Chico

Antes de tudo, precisamos conhecer
um pouquinho do Seu Chico…

Como ele era, como se vestia, o que comia,
o que fazia para sobreviver e do que gostava,
além de benzer.

Vamos lá?

Introdução
Meu pai

Meu pai só estudou até o Ensino Fundamental. No entanto, isso não o coloca como menor – se comparado a qualquer intelectual – em relação aos dramas da existência.

E foi nos dramas da existência que ele adquiriu – herdado de seu pai – a sua maior maestria. Meu pai se tornou – talvez – o maior benzedor da história de Ipanema.

Era impressionante a quantidade de pessoas que, diariamente, tomava o terreiro da minha casa em busca de cura para as mazelas que médico nenhum conseguia dar qualquer resposta.

Meu pai se tornou tão querido em minha cidade que jamais me esquecerei daquela tarde linda de setembro – quando olhei para trás e me assustei com a multidão que o acompanhava em seu sepultamento.

Evaristo Magalhães (filho)

Esta prosa com a filha Kátia vai te ajudar a imaginar o Seu Chico direitinho, como se ele estivesse bem na sua frente, aqui e agora...

1
Que lembranças boas

Papai era agricultor, homem bem simples. O que produzia era para as despesas. Tirava leite, plantava roça de milho, feijão, arroz, amendoim, plantava cana para os bois.

Ele dormia cedo, acordava cedo também. A roupa dele era supersimples. Muito alto (1,90 m) e magro, só gostava de camisa de botão, calça larga, botina. Não vestia shorts, nem dentro de casa. Sempre de chapéu, sempre, e só tinha dois, um de trabalho e outro de sair. Usava óculos e tinha uma bicicleta bem antiga. No almoço, lembro-me de que papai gostava de arroz com feijão socado com soquete, ovo frio e adorava leite.

Amava sua sanfona. Teve várias, eu não tenho fotos de todas, mandei da última. Lá no curral ficava um radinho, ele gostava do programa do Paulo Mineiro, da rádio aqui de Ipanema, e da missa que era transmitida.

Era devoto de São Bento (padroeiro dos intercessores), de Santa Luzia (padroeira dos olhos) e de São Lourenço (defensor do fogo) e "guardava" os dias deles (não trabalhava): 21 de março, 13 de dezembro e 10 de agosto. Era devoto também das Cinco Chagas de Nosso Senhor Jesus Cristo, de São Brás (santo curador) e São José (padroeiro dos trabalhadores e das famílias). Mas aqui em casa nunca teve oratório. Que eu me lembre, não. Mamãe também não se lembra. Tinha algumas imagens pela casa. Talvez o Varistim se lembre.

Enfeitava uma cruzinha com papel de seda e colocava na parede da casa para abençoar, no Dia de Santa Cruz (03/05). Diziam que Nossa Senhora visitava todas as casas durante a noite e abençoava aquelas que se prepararam para recebê-la.

Enfeitava uma outra cruzinha para colocar na roça, no meio da plantação de milho, no Dia de Santa Bárbara (04/12), protetora contra os relâmpagos e tempestades. Se isso não fosse feito, o vento soprava forte e deitava o milho, pondo a perder a roça toda.

Se tinha alguma planta, erva ou flor preferida, isso eu não lembro, mas ele era amante da natureza. Amava passarinhos, sabia os nomes de todos. Dos bois também.

Além dos trabalhos, o pai "gritava leilão" para ajudar a igreja durante o mês de maio, dedicado à Maria, e durante a trezena de Santo Antônio, de 1 a 13 de junho. Havia festa, quermesse, barraquinhas, e as pessoas doavam coisas para o leilão. Ele fez isso por anos...

Uma vez ele adoeceu mais gravemente e um médico o atendeu. Na hora de pagar a conta, o médico disse: "Eu vou cobrar do senhor o mesmo que o senhor cobra quando levo meus filhos para benzer, ou seja, nada". E o papai nunca precisou pagar o tratamento.

***

Para enriquecer a prosa

Kátia ainda perguntou a alguns parentes e amigos:

E se você tivesse que me contar alguma lembrança que tem do meu pai, o que você falaria?

Veja o resultado emocionante…

O Chico não tinha hora de almoço, de lanche ou de janta. Quando aparecia alguém necessitado, ele parava tudo pra benzer. Até de madrugada…

Ephigênia (esposa)

O Chico faz muita falta. Lembro-me de quando ele tocava sanfona, ele gostava muito de valsa, enchia a casa de música.

Ephigênia (esposa)

Falam alguns parentes

*Quando ele acordava de manhã, ficava em cima
da cama, de cócoras, por meia hora, esperando
o corpo "esquentar"... Jamais pisava em piso
frio descalço... Também me lembro dele sentado
sozinho sob a castanheira do quintal,
ficava lá em silêncio por horas numa espécie
de comunhão com o mundo...*

Evaristo (filho)

*Dentro de casa ele era silencioso e quieto.
Era uma pessoa tranquila, a única coisa que o
preocupava era o clima, as chuvas, pois o sustento
da família dependia disso. Plantava roça, tinha
umas poucas cabeças de gado, tirava o leite,
trabalhava muito. Era um homem metódico,
levantava, comia e deitava sempre às mesmas
horas. Nunca comia em pé, sempre sentava para
comer e minha mãe o servia. Quando ele voltava
da roça, no fim de tarde, começava a atender as
pessoas com a benzeção.*

Evaristo (filho)

*Quando jovem,
ele era muito bonito
e cortejado. Tinha os
olhos verdes, o rosto
fino, era muito alto
e magro, mas com
os braços fortes por
causa da lida na roça.*

Evaristo (filho)

*Uma vez
encontraram meu
pai caído e desmaiado
no pasto, já era mais
velho... A partir de
então, ele parou de
trabalhar na roça,
mas continuou a
benzer. Atendia gente
o dia todo.*

Evaristo (filho)

Falam alguns parentes

> *A história de amor dos meus pais lembra Romeu e Julieta. As famílias não se entendiam por causa de uma estrada que um dos meus avôs passou pelas terras do outro. Mas, apesar de todas as pressões contrárias, Chico se casou com Ephigênia. Ela com 17 anos, ele com 35, e tiveram oito filhos.*

Evaristo (filho)

> *Meu pai herdou esse dom do meu avô Álvaro, que foi um benzedor renomadíssimo. Meu Tio Nego (irmão do pai) continuou esse trabalho. Quando o tio morreu, meu pai começou a benzer.*

Evaristo (filho)

> *Uma lembrança dele? Tocando sanfona…*

Wilson (filho)

> *O pai não era de se preocupar… Quando os doentes o procuravam, ele dizia: "Isso não é nada, você vai ficar bom logo"…*

Ana (filha)

Falam alguns parentes

> *Ele nunca tomava gelado, não pisava em piso frio descalço, não tomava friagem. Se alguém o chamasse e ele estivesse deitado, a pessoa tinha de esperar, pois ele nunca se levantava de uma vez da cama, sentava, dava um tempo do corpo se acostumar…*

Ana (filha)

> *Eu lembro do Tí Chico tocando sanfona sentadim, ali debaixo da varanda que tinha do lado de fora da casa. Lembro dele benzendo a gente, dele mexendo debaixo daquela varanda… Gente, ele adorava mexer naquelas ferramentas dele. Ah, e várias e várias vezes me lembro dele na bicicletinha pelas ruas de Ipanema e também olhando a gente do alpendre quando jogávamos bingo no terreiro da tia… Enchia de crianças pra jogar… Ai, que saudades dessas lembranças, que coisa boa.*

Jaqueline

> *Sem palavras, só agradeço a Deus por nos ter proporcionado a alegria de tê-lo conhecido.*

Fatinha

> *Sempre ensinava uma receitinha caseira de chá.*

Monique

> *Ele me benzia sempre e me contava casos na maior paciência e calma, eu adorava ouvir. Lembro-me como se fosse hoje, ele riscava o chão na terra para as simpatias. Saudade!*

Natália

> *Pensem num homem bom! Coração gigante… Sempre tinha tempo para todos, ajudava a todos. Foi uma bênção em nossas vidas, um homem de muita fé! Saudades dele.*

Ângela

> *Seu Chico me ensinou uma oração para eu rezar para o filhinho de uma amiga. Só que tinha que ser na presença dele, com imposição das mãos, durante 30 dias. Foi difícil demais, pois o menino não parava quieto e eu tinha que esperar ele dormir pra rezar. Mas valeu!*

Rita

Falam alguns amigos

> *Ah, me lembro dele tocando sanfona…*

Patrícia

Me lembro de várias coisas… Mas especialmente de quando ele fez um brinquedo (uma gangorra numa árvore) no terreiro da casa dele. Era tanta criança que juntava no domingo, era uma festa! Chico do Álvaro… Lembrança eterna… Saudades de ver e conviver com pessoas iguais a ele.

João

Homem de Deus. Tinha o dom da cura. Transmitia Deus às pessoas que iam até ele. Está no Céu.

Roberto

Lembro-me do galhinho verde e da linda oração com os quais ele benzia.

Raquel

Homem de fé e muita sabedoria!

Beatriz

Assemelho o Sr. Chico a São Lucas, médico da alma.

Gislene

Lembro-me de que ele não parava de benzer nem pra almoçar, tinha que alguém da casa ir lá debaixo da árvore onde ele ficava e buscá-lo, mas ele voltava imediatamente. Falo da Sexta-Feira da Paixão.

Robertinha

Verdadeiro, fiel a Deus, amigo das pessoas, ser humano de grandeza ilimitada.

Beatriz

Ele contava casos bons de ouvir… Não se podia ir lá benzer com pressa…

Ana Paula

Me benzeu várias vezes, fez parte de toda a minha infância!

Maria José

Foi um paizinho para todos nós com seu jeito acolhedor. Sr. Chico e seus galhinhos santos e as santas orações…

Raquel

Falam alguns amigos

> *Grande homem de Deus, que deixou um grande legado para todos nós, exemplo de simplicidade e humildade. Parabéns, Kátia, você teve um grande pai, amoroso e servidor. Com certeza ele está no colo de Deus!*

José

> *Gostava de prosear com ele, era cada causo!*

Rita

> *Homem muito bom!! Conversa boa, agradável, sempre alegre e muito receptivo, não medindo esforços para rogar a Deus por nós com suas orações... Saudades... Está junto ao Pai.*

Tereza

> *Sempre um carinho e um respeito com todos. Gentil, fervoroso na sua fé. Saudades.*

Solange

> *Ele me ensinou orações boas para benzer os "irmãos" que me procuram. Homem de coração puro.*

Dasdores

> *Homem simples, humilde. Ser humano extraordinário. Uma pessoa que nasceu com o dom especial de aliviar os sofrimentos.*

Geny

> *Verdadeiro, fiel a Deus, amigo das pessoas, ser humano de grandeza ilimitada.*

Beatriz

Falam alguns amigos

> *Amava benzer, sempre no terreiro. Uma pessoa supercarismática, que nos tratava como se já nos conhecesse e fôssemos de casa.*

Nayme

> *Realmente, Sr. Francisco fez a diferença com o seu modo de agir e a sua ação caritativa na comunidade: o serviço aos irmãos que o procuravam.*

Maria Aparecida

2
Curiosidade…
ele benzia como?

Diz a filha Kátia:

O pai usava o raminho de uma planta que tinha atrás da casa, benzia mau-olhado com ela, fazendo o sinal da cruz. Eu não lembro o nome. Talvez tenha sido mamona…

A linha e a agulha eram para curar "destroncado". Após a benzeção, enfiava a agulha num pedaço de pano e deixava até a pessoa sarar.

Um barbante ou uma tirinha de tecido era para "espiela caída" (forte dor na boca do estômago, costas e pernas). A pessoa usava a tira amarrada na barriga, na altura do estômago, por três dias, e depois jogava na água corrente.

"Sapexe" (assa-peixe), eu não sei como se escreve, era um mato que ele usava para cortar "cobreiro". Depois de benzer, jogava o ramo no telhado ou dependurava no fogão a lenha para secar. Segundo ele, quando o assa-peixe secasse, secaria o cobreiro também.

Usava água benta para conter hemorragia.

Benzia fogo no pasto de longe, fazendo umas cruzinhas com o dedo.

Benzia mordida de cobra com leite (a pessoa colocava a parte ferida dentro de uma bacia com leite).

Bicheiro ele benzia com palha de milho: rezava, dava um nó num pedaço de palha e jogava para trás.

Ah, ele usava azeite de oliva (ou óleo de amêndoa) e uma pena de galinha preta para benzer também. Ele pedia para a pessoa levar o óleo e o colocava num pires, molhava nele a pena e passava em cruz na parte doente do corpo. Ou passava uma cruzinha.

Na Sexta-Feira Santa, o pai benzia "difruso" de peito (bronquite): fazia um buraquinho em cada quina da casa, do lado de fora, no terreiro, e

a pessoa tinha de cuspir ali (no caso de crianças pequenas, a mãe tinha de lavar as mãos, tirar um pouquinho da saliva e colocar no buraco). Ele tampava com terra e fazia o sinal da cruz rezando.

Tinha terço e fazia uma oração de viagem sempre quando íamos sair.

Cortava partes do talo da folha de abóbora enquanto rezava contra cobreiro (sapinho) ou íngua. Ele perguntava ao doente: O que eu corto, Fulano? "Cobreiro disso e daquilo", o paciente respondia e ele cortava o talo. Repetia várias vezes…

Na hora da chuva forte com raios, ia todo mundo com medo para o quarto e o pai acendia um raminho bento na Sexta-Feira da Paixão. Na chuva de granizo, colocava uma peneira virada para cima no terreiro. Mais do que uma simpatia, essa era uma forma de conversar com a natureza…

3
Existem outras formas de benzer?

São muitas as formas de benzer, cada benzedor tem as suas...

Eu, Carlos Solano, sugiro uma forma simples que me foi ensinada pelo saudoso e querido amigo Fernando, benzedor de Belo Horizonte. Ele dizia que qualquer pessoa podia benzer.

Fernando separava um copo com água e colocava um objeto sagrado dentro dele (no caso, um crucifixo herdado de outro benzedor). Pode-se também abençoar a água com uma oração ou uma palavra bonita (ditas para ela, bem de perto), ou colocando-se uma erva ou uma flor dentro.

Depois é pegar um raminho verde, molhar na água e borrifar a pessoa a ser abençoada, fazendo com ele o sinal da cruz na testa, na garganta, no centro do peito.

A oração é livre, mas me lembro de uma das falas de Fernando: "Fulano(a), eu te benzo com um ramo verde e água fria, com um Pai-Nosso e uma Ave-Maria". Falava isso e fazia o sinal da cruz com o ramo verde nesses três pontos do corpo. Repetia a cada vez com um raminho novo. Depois colocava a mão direita sobre a cabeça do doente e rezava um Pai-Nosso e uma Ave-Maria (mas pode ser uma outra oração).

No final, jogava os ramos e a água num cantinho do quintal, sobre a terra. Mas pode-se jogar sobre um vaso de planta também.

A cruz é um símbolo pré-cristão de muitos significados. Um deles é o encontro do Céu (o braço vertical) com a Terra (o horizontal). O ponto que surge do cruzamento pode simbolizar, entre outras coisas, o nosso centro, o coração. Quando se desenha a cruz sobre o corpo de alguém (com um raminho verde, uma pena ou um crucifixo) busca-se acordar o coração, ou seja, busca-se o renascer de quem se é.

Abençoar é bem olhar e bem dizer.
É uma ética do amor que, ao se dar,
se multiplica.
Na medida em que abençoamos,
somos também abençoados.
Roberto Crema
Antropólogo e Psicólogo

4
Autobenzeção

"Se não tem tu, vai tu mesmo", diz dona Francisca, minha comadre do coração e mestra dos saberes populares das nossas avós. Na falta de um benzedor, você mesmo pode se benzer.

Segure um ramo verde na altura do coração e repita esta bênção que ela me ensinou (desconheço a fonte original):

Espírito do bem
desça sobre mim vossas bênçãos.
fazei com que meu coração serene.

Agora, o ramo verde fica entre as sobrancelhas:

Minha visão clareie.

Ramo verde no topo da cabeça:

Meu espírito desanuvie.

Toque o ombro esquerdo e o direito e termine com as mãos no coração:

E minha alma se alegre.

Repita:

Espírito do bem
desça sobre mim vossas bênçãos.
fazei com que meu coração serene,
minha visão clareie,
meu espírito desanuvie,
e minha alma se alegre.

Parte II

Orações e Benzenções

No geral… Na hora de benzer,
use um ramo verde e, com ele,
faça o sinal da cruz sobre a
parte do corpo que está adoecida
enquanto faz a oração.

Repita duas vezes
e reze ao final.

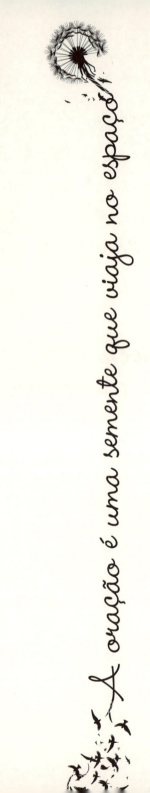

A oração é uma semente que viaja no espaço.

1
Doenças, danos e dores

Adoecer e sofrer (ainda) faz parte da vida. "Doença é caminho", dizem... O aprendizado na vida pode acontecer por meio do amor ou da dor. Mas é por meio do sofrimento que a maioria das pessoas revê suas vidas, aprende, cresce, aprimora. O sofrimento é escola. Não precisava ser, mas é. O sofrimento pode devolver a pessoa a si mesma, àquilo que é verdadeiro e essencial para a vida dela.

Ainda bem, então, que tem gente que nasce com a missão de aliviar a dor. O benzedor faz isso bendizendo, ressaltando o bem que há na situação e na pessoa.

***

Cisco no olho

Fazer a oração três vezes, com movimentos suaves e circulares sobre o olho fechado.

*Cisco no olho, Santa Luzia passou.
Corre, corre, cisquinho,
para o seu cantinho.*

Cobreiro, sapinho, íngua e outros males de pele

Com um raminho verde na mão e uma tesoura, faça esta pergunta e, a cada resposta do doente, corte um pedaço do ramo:

— *O que eu corto, Fulano*

(o nome da pessoa)?

— *Cobreiro bravo*

(ou o nome da doença)!
Responde o paciente.

Cortar o ramo.

Repetir várias vezes (geralmente um número múltiplo de três, associado à Santíssima Trindade).

Quando meus filhos tinham sapinho, eu pedia ao meu pai para benzer à distância (eu morava em outra cidade) e sempre melhorava.
Evaristo (filho)

Corte, cissura, sangramento

Assente um dedo na cissura e pronuncie estas palavras com fé:

*Marcos e Mateus fizeram
uma grande viagem.
Mateus levou um furioso golpe.*

*Sangue esteja na veia como
Jesus Cristo está na ceia!
Sangue esteja parado como
Jesus Cristo ressuscitado!
Sangue esteja forte como
Jesus Cristo na hora da morte!*

Ainda mantendo o mesmo dedo na cissura, fazer uma oração do seu agrado.

Seu Chico sugere o Credo e três Glória ao Pai.

Dores gerais

A segunda-feira santa induz
Ao pobre Jesus cravado na cruz.
Doeu, a terra tremeu.
Jesus não treme, nem Deus.
Que esta dor desapareça na doce luz
Da Mãe Maria Santíssima
Do bom Jesus liberto da cruz.

Dor de dente

Seu Chico sugere: oferecer um Pai-Nosso, ao final, a Santa Apolônia (padroeira dos dentistas e protetora dos que sentem dores de dente), a São Domingos e a São Clemente (devotos do rosário).

Estava São Pedro sentado numa pedra fria,
De dor de dente gemia.
Foi passando Nosso Senhor e perguntou:
O que sentes Pedro? Dor de dente, Senhor.

Assim como o sol esquenta,
O Senhor retira esta dor,
Que desapareça o que for!

Engasgo

Cheguei numa casa, pedi pousada.
O marido dava e a mulher negava
Quarto escuro, cama desarrumada,
Cristo na Terra e no Céu,
Garganta suja será lavada.

Erisipela

Benzer com uma pena de ave preta*, passando-a antes no azeite ou óleo de amêndoas, fazendo o sinal da cruz com ela sobre a infecção.

Que isso sarará, assim como
eu não comi, nem bebi.
O que isso veio fazer aqui?
Inteijo intojo impinça rabiça
(palavras de cura).
Deus é Pai Todo Poderoso.

---

* A cor preta talvez represente fechamento, bloqueio, para impedir que a doença se alastre.

Ínguas (caroços)

Fazer a oração três vezes, e, no final, rezar um Pai-Nosso.

Olha no céu e vê uma estrela.
Nome do Pai, a estrela diz:
Viva a estrela, morra a íngua infeliz.

Males gerais

Reserve um copo com água e comece a benzeção por estas palavras:

Fui andando à procura do Santo Juiz.
Alguém perguntou:
Onde vais, filho, estás infeliz?
Procuro um copo do remédio
que Deus abençoou.
Para me curar do mal de sol,
da lua, das estrelas,
do ar, da terra ou do mau-olhado que em
Fulano (dizer o nome da pessoa) *entrou.*

Coloca-se o copo d'água sobre a cabeça do doente. E reza (sugestão: um Credo, três vezes) em cruz em cima do copo. Descarta-se a água. Fim.

Mau-olhado

Fulano (dizer o nome da pessoa), *Deus te criou, Deus te abençoou.*
Dos maus olhos, Deus te livrou.
De quem te olha, de quem te olhou.

Mordedura de cobra e outros bichos venenosos I

Mergulha-se o ferimento numa bacia com leite e reza.

Meu Senhor Jesus Cristo,
assim como mataste a serpente
no campo de Jerusalém,
mata o veneno que está no corpo deste alguém.

Oferecimento (palavras de cura):
Cabilico, li lo, li lo, má cama sabatana.
E de lorte bilico.
Fulano (dizer o nome da pessoa) *há de vencer.*
Rizis de dominus truim.
Amém.

Rezar uma oração do seu agrado ou, como Seu Chico sugere: um Pai-Nosso, uma Ave-Maria e um Credo e oferecê-los ao Senhor.

Mordedura de cobra e outros bichos venenosos II

Cobra, bicho mau, não morde Fulano (dizer o nome da pessoa) *não,
não morde o filho de Deus que estava são.*

Creio no clemente Jesus, na cruz, e no Senhor São Bento, meu alento.

Cruza assim (fazer o sinal da cruz muitas vezes sobre a mordida)
Como estas palavras são verdadeiras até o fim!

*Jesus, Maria e José!
Assim é!*

Mordedura de cobra e outros bichos venenosos III

Cobra e bicho mau não mordam o ser de Deus Fulano (dizer o nome da pessoa).
Sua mordida tem o freio do Clemente Jesus, nosso Guia, nossa Luz.

Senhor São Bento cruza assim (fazer o sinal da cruz muitas vezes sobre a mordida)
Como estas palavras são verdadeiras até o fim!

Para São Roque, advogado dos feridos, protetor da peste, padroeiro dos inválidos e dos animais

Sugestão do Seu Chico: no final, rezar um Pai-Nosso e uma Ave-Maria.

Senhor, nós Vos pedimos piedade.
Por toda a eternidade.
Aos fiéis, vosso povo,
Pela intercessão do Bem-Aventurado São Roque,
dai-nos a segurança de Maria
contra o mal que contagia.

Senhor, nós Vos pedimos piedade.
Por toda a eternidade.

Para São Sebastião, padroeiro da peste

Sugestão do Seu Chico: no final, reze um Pai-Nosso, uma Ave-Maria, um Glória ao Pai.

Contra a peste, enfermidade, agonia, tribulação,
que nos chegue a intercessão de São Sebastião!

Sarampo (Fogo Selvagem)

Jesus e José foram fazer uma grande viagem.
José sentou, Jesus perguntou: O que tens, José?
Mal de fogo, sarampo, mal de fogo selvagem.

Eu te benzo com a água fria da fonte
e com o ramo do monte.
Isso sarará, José andará.
Amém.

Vermes intestinais

Que o poder de Deus Pai, Deus Filho
e Espírito Santo,
Da Gloriosa Virgem Maria do Divino Amor
E de Santo Antônio de Pádua, Vosso Confessor,
Vos livre dos bichos que causam enfermidade
agora e sempre, para toda a eternidade.

Converta-os em água pura pelo poder de cura!
Converta-os em água pura pelo poder de cura!
Converta-os em água pura pelo poder de cura!

Por Deus Pai, Deus Filho e Espírito Santo,
pela Gloriosa Virgem Maria do Divino Amor
e por Santo Antônio, Vosso Confessor.

Amém.

2
Invocações e graças

"Quando algo me aflige, eu rezo", disse um benzedor. Rezar é se colocar acima da aflição, é abrir espaço para o alívio na mente e no coração, é construir uma ponte para a paz em nós. Para quem tem fé, rezar é conversar com Deus.

Muita gente faz isso com o apoio de um altar ou oratório, tão tradicionais nas casas do Brasil desde o período colonial. É válido compor um oratório em casa? Perguntei para uma benzedeira, certa vez. "Se isso te ajudar a guardar a lembrança da Presença Divina constante em sua vida, então é válido sim." Ela respondeu. Então...

Como compor um oratório?

Bom, use a criatividade. Normalmente, numa estante, no canto de um móvel ou sobre uma me-sinha, coloca-se a imagem (ou imagens) do(s) santo(s) de devoção, um jarrinho para a oferenda de uma flor e um pratinho para acender uma vela (sempre com uma boa intenção).

Qual flor ou planta usar? De acordo com a cultura popular, o sentido das plantas está oculto também nos nomes delas: a angélica chama os anjos, a lavanda lava (as tensões), o alecrim alegra (a alma), a sálvia salva (dos "tristumes").

Há também outras formas de entender o sentido da flor: a rosa nasceu no coração de Maria (Nossa Senhora da Rosa Mística), o lírio é carregado por São José (fala de pureza, castidade de alma), o ramo de trigo é do Menino Jesus (que é o "pão da vida"), a espada de São Jorge, como o nome sugere, protege etc. Qualquer flor é bem-vinda.

Às vezes, se coloca no oratório um potinho com água, para que fique abençoada pelas orações. Depois, pode-se borrifá-la na casa ou passá-la em pontos especiais do corpo.

Um detalhe importante é manter vivo esse altar, sempre rezando diante dele. Às vezes, coloca-se ainda no oratório uma relíquia: uma medalhinha, uma pedrinha ou outro objeto vindo de um lugar sagrado.

O oratório é uma espécie de chave que abre o coração para que o Sagrado possa entrar.

Diante do oratório, oramos. Das invocações que aprendi com diferentes benzedores (desconheço a fonte original), seguem quatro, que podem ser repetidas várias vezes ao longo do dia:

Perdão
Perdão de Deus,
Amor sem fim,
Perdão ao outro,
Perdão a mim.

Para levantar o ânimo
Acordo e agradeço o dia.
Tudo é paz e alegria.
A vida está a meu favor.
Eu sigo o caminho do amor.

Contra obstáculos
Sai, pedra do caminho!
Vai para o fundo do mar.
Abra minha estrada
Para a vida prosperar.

Para acalmar
Suspira e deixa aliviar!
A vida renasce sempre,
Tudo se renovará.

***

Céu da Terra

Santo Onofre é padroeiro dos aflitos, protetor contra o vício da bebida e da droga.

Céu da Terra, concedei-me as graças que pedi!
Se meu glorioso Santo Onofre se interpor,
pela cruz, pelo amor
Do sangue de Cristo Senhor.
Peço por Santo Antônio e São Francisco de Assis,
me emprestem as graças que sempre quis.

Espero que eu seja servido no espaço de 40 dias.
Amém.

Seu Chico comenta: *Quem essa oração rezar, não terá fome, sede, nem desgaste e nada lhe faltará. Reze nove dias uma Ave-Maria e nove Glória ao Pai, que poderá receber o que precisar neste e no outro mundo. Reze em frente a uma imagem.*

Oração Magnífica

Minha alma magnífica se entregou,
Meu espírito se elevou.

Deus Salvador atendeu
O humilde servo que sou eu.

Ao Deus Bem-Aventurado
Onipotente,
Agora e sempre.

Sua Misericórdia, de geração a geração,
Distribui o bem ao coração.
Amém.

Para Nossa Senhora Aparecida

Sugestão do Seu Chico: rezar seis Ave-Marias em presença da imagem santa.

Senhora da Conceição Incomparável,
Senhora da Conceição Aparecida,
Mãe de meu Deus,
Rainha dos anjos,
Advogada dos pecadores,
Refúgio e Consolação dos aflitos e atribulados,
Oh, Virgem Santíssima de poder e bondade,
Lançai sobre nós um olhar favorável
Para que sejamos socorridos em todas as necessidades.
Lembrai de nós, que recorremos a Vós.
Amém.

Rogai por nós, Maria

Bem-aventurada e gloriosa Rainha do Mundo
Cobri-nos com vosso véu,
Intercedei por nós junto ao Céu.
Ouvi nossa oração de louvor.
Chegue aos vossos ouvidos nosso clamor,
Ao vosso coração o nosso amor.

Amém.

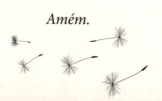

3
Proteção

A melhor proteção é a prática fiel do bem, diz o ditado.

Precisamos nos proteger contra o quê? Contra nós mesmos, possivelmente, eu penso. Contra os "tristumes" da alma que enfraquecem o corpo e abrem brechas para as doenças.

Talvez algum benzedor diga que é preciso se proteger contra os "maus olhos", mas só receberemos o mau-olhado se estivermos com as portas abertas, ou seja, com raiva, ódio, rancor, mágoa, cansaço, tristeza, "tristumes" enfim...

Como somos todos humanos, estamos ainda longe da perfeição e, por isso, uma bênção que lave a alma e funcione como um escudo sempre pode nos ajudar.

Justo Juiz

Justo Juiz de Nazaré, meu Guia,
Filho da Virgem Maria,
Nascido em Belém,
Eu Vos peço, pelo meu bem,
Que meu corpo não seja preso, nem ferido,
nem morto, nem adoecido.
Pax tecum, pax tecum, pax*,
Cristo assim diz e assim faz.

Se os inimigos vierem me prender,
terão olhos, mas não me verão;
terão ouvidos, mas não me ouvirão;
terão boca, mas não falarão.

As armas de São Jorge eu terei.
Com a espada de Abraão me protegerei.

---
* *Pax tecum* significa, em latim, "a paz esteja contigo".

Nossa Senhora da Guia

Eu,
coberto, com o manto de Nossa Senhora da Guia,
andarei, não andarei,
meus inimigos encontrarei,
mal não me farão, nem eu lhes farei.

Andarei, não andarei,
um cruzeiro encontrarei,
foi o anjo São Gabriel que encontrou Nossa
Senhora e a saldou,
rezando uma Ave-Maria.

Que o braço do Onipotente caia sobre quem me
queira fazer mal.
Que fique imóvel como pedra,
Enquanto eu, com todo amor,
Continuo a serviço de Deus Nosso Senhor.
Amém.

Proteção I

Nossa Senhora,
dirigi-nos em todos os negócios temporais e
espirituais,
livrai-nos dos males gerais,
para que, trilhando o caminho da virtude,
do merecimento, da pureza, da plenitude,
a Senhora possa nos ver,
na eterna glória nos acolher,
pelos séculos dos séculos.
Amém.

Proteção II

Eu me entrego a Jesus e à Santíssima Cruz,
ao Santíssimo Sacramento e às três relíquias
do benzimento,
às três missas de Natal, para que não me
aconteça nenhum mal.

Maria Santíssima
me guarda,
me lava e livra
de todos os inimigos, para sempre.
Amém.

Proteção III

Desde a casa santa de Belém,
Deus é teu Pai e a Virgem é tua Mãe.
Com as três armas de São Jorge sereis armado,
com a espada de São Tiago* sereis guardado,
para sempre.
Amém.

---

* São Tiago é padroeiro dos cavaleiros e peregrinos.

Proteção IV

Glorificado com o sangue do Cristo
serei batizado,
na arca de Noé irei transportado,
com a chave de São Pedro serei fechado
onde não me possam ver nem me
deixar machucado,
nenhum sangue do meu corpo será retirado.

Vos peço, Senhor, pelos três cálices bentos,
pelos três santos sacramentos,
pelas três hóstias consagradas.

Ao terceiro dia,
desde as portas de Belém até Jerusalém,
que com prazer e alegria eu seja acompanhado.

Tanto de noite como de dia,
assim como andou Jesus Cristo no ventre de Maria,
sigo com Deus adiante e paz na guia.
Deus me dê a sua companhia.

Proteção V

Esta oração é quase um exorcismo, Santo Anastácio é padroeiro dos possessos. Sugestão do Seu Chico: rezar, ao final, um Pai-Nosso, uma Ave-Maria e um Glória ao Pai.

A Vós, meu Deus,
pedimos a intercessão final
do seu fiel servo Anastácio.
Concedei-lhe a graça especial
de advogar por nós
contra o poder infernal.
Amém.

A Santo Onofre, consolador dos aflitos

Meu Santo Onofre amado,
que foste santificado,
no Círculo da Divina Providência,
Consolador dos aflitos, tenha, de nós, clemência.

Três eu Vos peço,
e uma esmola para o meu bem.
Vós que foste santificado,
tenha piedade de mim também.

Meu glorioso Santo Onofre,
Por meu Senhor Jesus Cristo, pela Sua Mãe
Santíssima, pelas Chagas de Jesus, pelas Sete
Dores de Nossa Mãe, pelas Almas Benditas, por
todos os anjos.
Amém.

4
Para a casa

Benzer a casa é benzer a vida. A casa é um espelho que nos mostra quem somos: a sensação de acolhimento ou de incômodo, de cuidado ou de desleixo, as boas ou as más memórias do passado e as vivências do presente, os bons aromas ou os odores ruins, tudo que a casa é torna-se parte de nós e vice-versa.

A casa nos "fala" constantemente... Infiltração, bolor, manchas, trincas, rachaduras, problemas elétricos e hidráulicos, entupimentos, panes, sujeira, bagunça são palavras que nos dizem respeito e que precisamos escutar.

Pela nossa saúde, é preciso cuidar da saúde da casa. Para começar, cuidemos dos elementos fundamentais, ar e água, que influenciam diretamente nossas vidas. Por isso, faz todo sentido benzer o ar que respiramos ou a terra (o terreiro) que pisamos...

Ar mau I

Deus é o sol,
Deus é a lua,
Deus é a luz da verdade.
Assim como essas palavras valem pela
eternidade,
é certo que sairá deste lugar
o ar de torpor,
o ar de paralisia,
o ar quente,
o ar frio,
o ar morto,
o ar malvado.
Todos esses ares vão
pelas ondas do mar salgado.

Em nome de Deus Pai,
em nome de Deus Filho,
em nome das Três Pessoas da Santíssima
Trindade.
Amém.

Ar mau II

Sugestão do Seu Chico: ao final, rezar cinco Pai-Nossos pela intenção das Cinco Chagas de Nosso Senhor Jesus Cristo.

Ar mau, ar morto,
ar pasmo, ar de profecia,
ar excomungado
e qualquer ar drástico
que for malgrado.

Eu requeiro da parte de Deus
e da Virgem Maria
Que vá para as bandas do mar sagrado.
Onde não se ouve cantar galo nem galinha.
Deixa esta casa aliviada.

Pelo Poder de Deus
e das Cinco Chagas
de Nosso Senhor Jesus Cristo.
Amém.

Casa protegida

Maria,
invoco o vosso santo nome,
Imploro a vossa guia.

Animado com essa confiança e sorte,
esperança e consolação,
peço que seja minha Luz
na hora da aflição.

Assim, pois,
me livre de tudo que cause dor
Peço-lhe, Virgem Bendita,
e ao vosso Santíssimo Filho,
meu Redentor.

Preservai-me e a esta casa
Da peste,
fome,
raios,
tempestades
E outros perigos,
males
e atrocidades,

Soberana Senhora Digníssima.
Amém.

Casa santa

Trinta com trinta e três vezes são ditas:
São Pedro, São Paulo
e São João Batista
nesta casa em que habitas.

Bom Sono I

Sugestão de Seu Chico: oferecer, ao final, um Pai-Nosso e uma Ave-Maria pela intenção do Anjo da Guarda.

*Com Deus me deito,
com Deus me levanto,
com a graça de Deus
e do Divino Espírito Santo.*

*Senhor,
me cubra com seu manto,
seu cobertor,
que não terei medo e nem pavor.*

*Jesus Cristo,
filho da Virgem Maria,
me guarda esta noite
e amanhã por todo o dia.
Amém.*

Bom Sono II – Ao Anjo da Guarda

*Espírito Soberano,
Guarda da minha alma,
guia de tal sorte minha ação
que todas se encaminhem à salvação.*

*Livra-me de machucar um ser humano,
Me aparta do poder tirano,
Me defenda dos inimigos
e de todos os perigos.*

*Pela vossa intenção serei preservado
de todos os males da alma e do corpo.
Amém.*

Terreiro bendito

Sugestão do Seu Chico: reze com muita fé.

Rezar três Ave-Marias por intenção de Nossa Senhora Imaculada do Desterro para o desterro desse mal, que seja pelo Amor de Deus.

Ou reze um Pai-Nosso por intenção do Imaculado nome dela, Nossa Senhora do Desterro.

Cruzinha enfeitada na entrada

Seu Chico enfeitava uma cruzinha com papel de seda e colocava na parede da entrada da casa para abençoar no Dia de Santa Cruz (03/05). Diziam que Nossa Senhora visitava todas as casas durante a noite e abençoava aquelas que se prepararam para recebê-la.

5
Clima, criação e plantação

Benzer fogo que se alastra no pasto, espantar serpentes do entorno da casa ou pragas da plantação com orações é uma prática vinda de tempos antigos.

Essa conversa com os elementos e os seres da natureza talvez um dia tenha sido comum a toda a raça humana, mas hoje passou a ser privilégio dos raizeiros e benzedores e, pela nossa sobrevivência, precisamos resgatá-la.

Benzeção de fogo (incêndio)

Dizem que Seu Chico fazia cruzinhas com os dedos enquanto rezava espantando o fogo que se alastrava pelas fazendas destruindo as plantações. Contra o fogo descontrolado, ele rezava assim:

Santa Sofia tinha três filhas:
uma lavava, outra cozinhava
e a outra apagava o fogo que no mundo havia
com o sangue do Nosso Senhor Jesus Cristo,
que foi derramado no chão.
Assim como Ele abrandou os maiores inimigos,
abranda todo o fogo
com a água do Rio Jordão.

Pela cruz de Nosso Senhor Jesus Cristo,
Amém.

Benzeção de lagarta ou outra praga na plantação

Rezar três vezes e apontar o lado para o qual as pragas devem ir.

Padre casado ninguém tem dó,
Eu benzo essa praga para um lado só.

Benzeção de verme, bicheira ou outro parasita da criação

Assim como o serviço
no domingo ou dia santo
não leva ninguém adiante,
esta imundície acaba neste instante!

Contra ventos fortes e tempestades

Seu Chico enfeitava uma outra cruzinha (diferente daquela da parede da entrada) para colocar na roça, no meio da plantação de milho, no Dia de Santa Bárbara (04/12), protetora contra os relâmpagos e as tempestades. Se isso não fosse feito, o vento soprava forte e deitava o milho, pondo a perder a roça toda. Ao fincar a cruzinha no solo, orar:

Santa Bárbara, que sois mais forte que as torres das fortalezas e a violência dos furacões, fazei com que os raios não me atinjam, os trovões não me assustem e o troar dos canhões não me abale.

Ficai sempre ao meu lado para que eu possa enfrentar de rosto sereno todas as tempestades e as batalhas de minha vida, para que vencedor de todas as lutas, com a consciência do dever cumprido, possa agradecer a Vós, minha protetora, e render graças a Deus, criador do céu, da terra, da natureza, esse Deus que tem o poder de dominar o furor das tempestades e abrandar a crueldade das guerras. Santa Bárbara, rogai por nós!

Na hora da chuva forte, com raios, Seu Chico acendia em casa um raminho bento na Sexta-Feira da Paixão. Na chuva de granizo, colocava no terreiro uma peneira virada para cima. Mais do que uma simpatia, essa era uma forma de conversar com a natureza…

6
Devoções de Seu Chico

Imagino que Seu Chico, homem de bom coração e muita fé, contou em sua lida com a boa ajuda dos anjos e dos santos de devoção... Foram vários, aos quais ele recorria na hora da benzeção ou para garantir o sucesso dos plantios:

Nossa Senhora, Santo Antônio (padroeiro dos pobres e dos enfermos), Santa Bárbara (protetora dos relâmpagos e tempestades), São Bento (protetor de agressões, aflições e conflitos), São Brás (santo curador), Santa Luzia (padroeira dos olhos e da visão clara).

Vamos aprender algumas frases de invocação a esses santos para que possamos conviver com eles um pouquinho também.

Nossa Senhora

*Ó Maria
concebida sem pecado,
rogai por nós
que recorremos a Vós!*

Santo Antônio

*Gentil e amoroso Santo Antônio,
sussurra o meu pedido aos ouvidos
do doce Menino Jesus,
que gosta de estar em seus braços,
amém.*

Santa Bárbara

*Salve,
Santa Bárbara,
ficai sempre ao meu lado
para que eu possa
enfrentar, sereno,
todas as tempestades
e batalhas da minha vida.*

São Bento

*Ó Glorioso São Bento,
nos livre de todo o mal,
agora e sempre,
amém.*

São Brás

*Por intercessão do bem-aventurado São Brás,
conceda-me, Deus, a cura deste mal de
garganta...*

Benzer a garganta três vezes com uma cruz.

Santa Luzia

*Aos que creem, mas não veem.
Aos que veem menos bem.
Aos que veem, mas não creem.
A todos dai luz, amém!*

Parte III

A partida de Seu Chico

Alma de Cristo, santificai-me.
Corpo de Cristo, salvai-me.
Sangue de Cristo, inebriai-me.
Paixão de Cristo, confortai-me.
Ó bom Jesus, ouvi-me.
Dentro de vossas chagas, escondei-me.
Não permitais que me separe de Vós.
Do espírito maligno, defendei-me.
Na hora da minha morte, chamai-me.
E mandai-me ir para Vós,
para que Vos louve com os vossos santos,
por todos os séculos.

Seu Chico se foi. Ou não? Talvez esteja presente na brisa que sopra suave, na gota de chuva que fertiliza, no raminho verde que brota e renova a fé na vida. Talvez tenha se espalhado por toda a natureza, como diz o filho Evaristo.

Para a filha Kátia, ele está no Céu, esse paraíso cristão, bem acompanhado dos entes queridos e dos santos de devoção.

Eu penso que, além disso, talvez ele continue benzendo em outro lugar, em outro tempo, no coração das pessoas que ajudou em vida, talvez...

> *No dia em que o pai morreu, as vacas dele vieram berrando do pasto em fila indiana e pararam exatamente debaixo da castanheira onde ele ficava benzendo, no nosso quintal.*

Kátia (filha)

> *No dia em que ele morreu, uma mulher interrompeu o cortejo para contar que teve um problema grave na perna, que teria de ser cortada, mas não foi graças à benzeção de Seu Chico.*

Evaristo (filho)

> *Um amigo da família, que estava hospitalizado, contou que Seu Chico foi visitá-lo e rezou por ele no hospital. Só que Seu Chico já havia morrido e ele não sabia...*

Evaristo (filho)

> *Eu estava ao lado do pai no velório, que aconteceu em casa, ele estava lindo. O rosto dele estava descansado, como se estivesse em sono profundo.*

Evaristo (filho)

> *No final da vida, quando já estava doente, Tio Chico disse que passaria todas as orações para mim, pois eu também benzia. Mas falou que teria de me ensinar pessoalmente os segredos de cada uma. Eu estava ocupada, fui adiando a ida, até que soube que o tio havia morrido. Os segredos foram embora com ele.*

Neusa (sobrinha)

***

Parte IV

Final

Tarde da noite. Me sinto tão bem acolhido pela família de seu Chico aqui na cidade de Ipanema… Lá fora, pandemia, mas também céu estrelado, canto de grilo… Eu continuo a escrever, sentado no varandão da casa. Assim que finalizo este livro, um vagalume me aparece piscando a sua luz ao meu lado. Voa, pousa, revoa, pousa, e depois some. Sorrio. Para mim, um bom sinal… Que este livro seja uma pequena luz na noite do mundo. Gratidão, Seu Chico, por ter brilhado no cumprimento de sua missão. Onde quer que esteja, seja feliz e faça uma boa viagem em direção ao infinito da paz e do bem.

Oração para uma boa viagem

Essa bênção era usada por Seu Chico sempre que um amigo ou parente viajava, mas ninguém se lembrava mais dela e não constava do caderno. Até que soubemos que um dos netos dele, que mora nos Estados Unidos, havia tatuado a oração nas costas. No final, a conseguimos!

Bom dia e boa hora,
Eu saio da minha porta para fora.

Alma de Cristo
ao lado de meu corpo.
Leite de Nossa Senhora
derramado em meu sangue.
Assim eu vou.

Os ruins não me verão.
Os bons me guiarão.

Assim eu vou.
Como os santos frades
que São Francisco acompanhou.
Amém.

Rezar
    é você
se abandonar
        no mistério.
Regina Casé

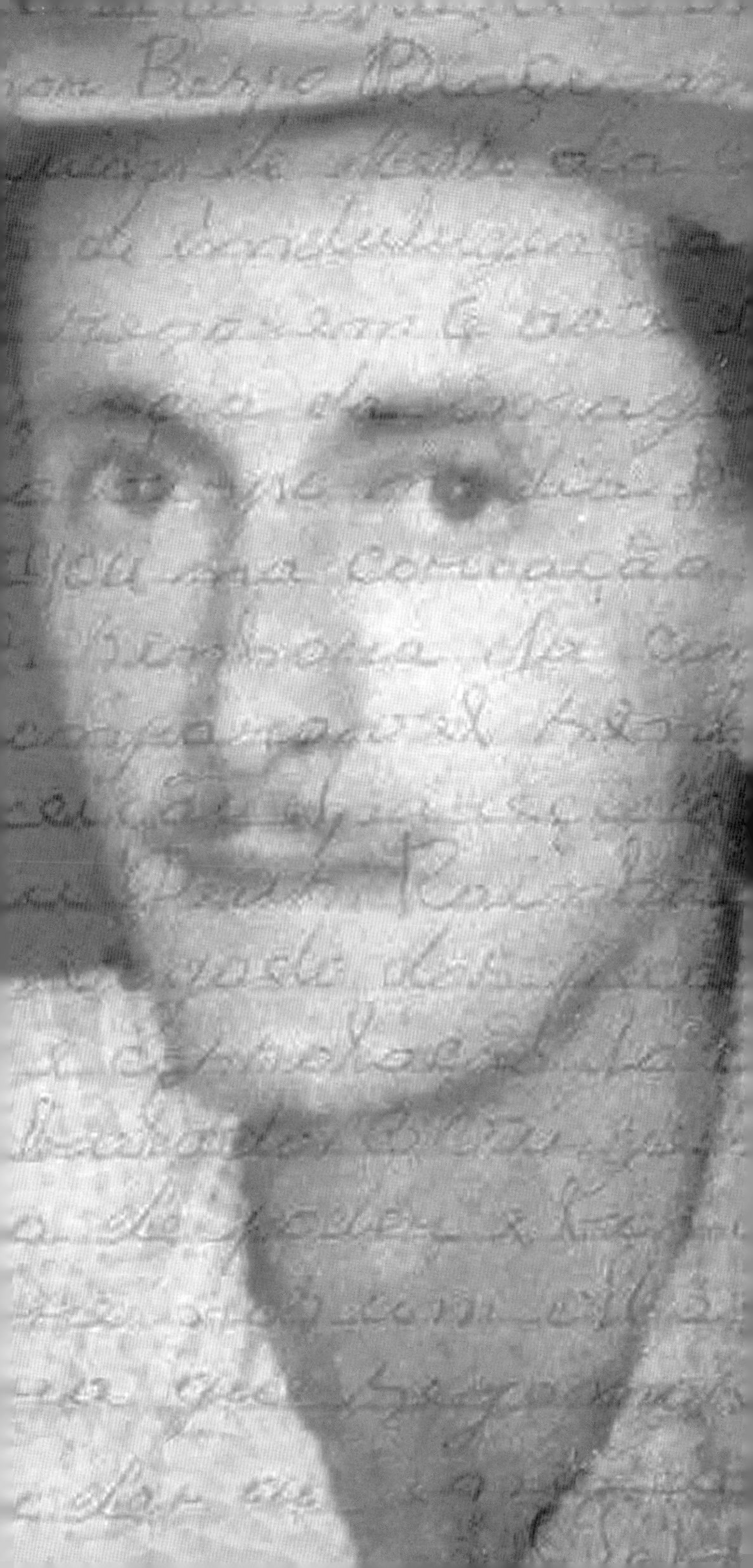

Conecte-se conosco:

f facebook.com/editoravozes

[○] @editoravozes

X @editora_vozes

▶ youtube.com/editoravozes

◯ +55 24 2233-9033

www.vozes.com.br

Conheça nossas lojas:

www.livrariavozes.com.br

Belo Horizonte – Brasília – Campinas – Cuiabá – Curitiba
Fortaleza – Juiz de Fora – Petrópolis – Recife – São Paulo

EDITORA VOZES LTDA.
Rua Frei Luís, 100 – Centro – Cep 25689-900 – Petrópolis, RJ
Tel.: (24) 2233-9000 – E-mail: vendas@vozes.com.br